빛깔있는 책들 ●●●
133

단전 호흡

글·사진 | 이승헌

대원사

단전 호흡

저자 소개

글·사진 | 이승헌

1985년 한정신단학회 설립 회장 취임, 단학선원을 설립
하여 원장 취임. 민족정신광복국민운동본부장 취임, 현
재 사단법인 한문화원 단학선원 원장으로 있다.
저서로는 『단학―그 이론과 수련법―』, 『단학인』, 『신인이
되는 길』, 『상단전의 비밀』 등 다수가 있다.

도움 주신 분들

박장용 | 한문화원 단학선원 법사
현진성 | 한문화원 단학선원 사범

차 례

머리말

호흡은 생명의 기본 활동이다. 사람은 음식물을 먹지 않고도 며칠을 버틸 수 있지만 호흡을 하지 않고는 단 몇 분도 제대로 견딜 수 없다. 그럼에도 불구하고 현대인은 잘못된 호흡 습관을 지니고 있는 경우가 대부분이다. 단전 호흡(丹田呼吸)은 이러한 잘못된 호흡의 습관을 바로잡고 나아가서는 잃어버린 내적 조절 능력을 회복, 극대화하는 방법으로서 탁월한 효과를 가져올 수 있다.

과거의 단전 호흡은 불로 장생(不老長生)하는 신선(神仙)이 되거나 도술(道術)이나 차력(借力)술을 연마하는 등의 목적에 이용되어 왔다. 그러므로 단전 호흡의 비법(秘法)이나 술법(術法)은 은밀하게 스승과 제자의 관계를 통해 전수되어 왔다. 이로 인해 일반인들은 '단전 호흡' 하면 보통 특별한 사람들이나 하는 수행법으로 생각하였다. 그러나 기공(氣功)이나 초월 명상(TM; transcendental maditation), 요가 등의 수련이 이미 정신이나 육체 건강을 위한 수련으로 일반화되면서 우리나라에도 고유의 체계를 가진 여러 단전 호흡 단체들이 생기게 되었다.

이러한 단전 호흡은 과거의 비술(秘術)과는 달리 일반인들도 할 수 있는 것으로서 건강을 회복하고 잠재 능력을 개발하며 인간 완성을 이루는 것을 그 주된 목적으로 하고 있다. 현대의 단전 호흡은 시간이나 공간의 제약을 받지 않고, 복장과 연령에 관계없이 누구나 할 수 있는 수련으로 이러한 수련이 널리 보급되어 현대의 질병인 심인성(心因性) 질환이 치유되고 능력 개발에 큰 도움이 되길 바란다.

단전 호흡이란 무엇인가

단전이란 무엇인가

'단(丹)'이란 생명의 근원이 되는 에너지이다. 사람은 호흡을 통해 받아들인 산소와 음식물을 통해 받아들인 영양분을 오장육부를 통해 합성, 변화시켜 생명 활동의 기본이 되는 에너지로 만들어 냈다. 이러한 에너지는 피와 호르몬 등의 유형 물질 형태로 변하여 혈관과 내분비선을 타고 인체의 곳곳에 공급된다. 그런데 인체에는 이러한 피와 호르몬과 같은 유형의 물질로만 에너지가 공급이 되는 것이 아니라, '기(氣)'라고 하는 무형의 에너지가 경락(經絡)이라는 기의 통로를 타고 공급되기도 한다.[1]

단전은 무명의 에너지 기가 인체에서 합성되는 곳(田;氣의 밭, 창고)이다. 부모로부터 물려받은 기운(이를 先天의 氣 또는 元氣라 한다.)을 바탕으로 생명 활동을 통해 받아들인 산소와 영양분은 이 단전에서 무형의 에너지인 정기(精氣)로 바뀐다.

한의학에서 말하는 단전

한의학의 경혈 가운데에는 단전이라는 별칭을 가진 것들이 있다.

배꼽 밑(臍下)의 관원(關元), 석문(石門), 기해(氣海), 음교(陰交) 혈이 바로 그러한 혈들이다. 실제로 이 혈들은 모두 원기(元氣)[2]와 관련이 있는 중요한 혈이다. 그러나 이곳은 단전 호흡에서 말하는 진정한 의미의 단전은 아니다. 많은 사람들이 이 혈들을 일컬어 배꼽 밑에 위치한 단전(臍下丹田)이라 부르며 이곳에 의식을 집중하려고 노력하는데, 실제 호흡 수련에서 단전이라 불리는 부위는 그러한 피부상의 한점(点)에 위치하지 않고 기적으로만 감별할 수 있는 기적(氣的) 시스템이라고 할 수 있다. 그리고 이 시스템을 수련자는 뱃속에서 입체적인 구형의 공간 형태로서 감지한다.

선도(仙道)에서 말하는 단전

실제의 호흡 수련에서 나타나는 단전은 수련자가 그 형태를 직접 감각을 통해 느낄 수 있다. 인체에는 크게 세 개의 내단전(內丹田)이 있다. 하단전(下丹田), 중단전(中丹田), 상단전(上丹田)이 바로 그것으로서 각각 선도에서 말하는 정(精), 기(氣), 신(神)[3]과 관련이 있다.

이러한 단전의 위치는 하단전은 아랫배의 기해(氣海)혈 안쪽, 중단전은 가슴의 전중혈 안쪽, 상단전은 이마의 인당(印堂)혈 안쪽에 위치한다. 그 밖에도 손바닥의 장심(掌心)과 발바닥의 용천(勇泉)을 외단전(外丹田)이라 부른다. 수련이 보다 깊은 단계에 들어가면 이러한 세 개의 내단전과 네 개의 외단전뿐만이 아니라 몸 전체가 단전화(丹田化)되어진다.

단전 호흡이란

단전 호흡은 단전에 기운을 모으는 기호흡을 말한다. 수련자가 기운을 터득하고 단전에 기운을 느끼고 모을 수 있을 때 비로소 단전 호흡을 한다고 할 수 있다. 배만 내밀었다 넣었다 하는 복식 호흡은 이러한 의미에서 실제의 단전 호흡과 큰 차이가 있다.

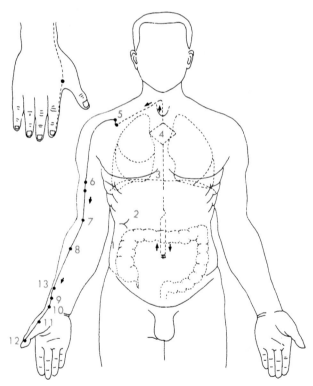

수태음폐경 순행 시의도(手太陰肺經 循行 示意圖)

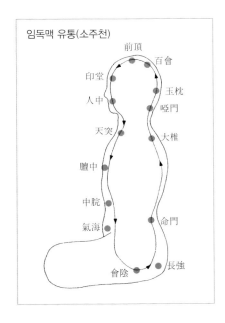

임독맥 유통(소주천)

前頂
百會
印堂
玉枕
人中
瘂門
天突
大椎
膻中
中脘
氣海
命門
會陰
長強

초보자의 단전 호흡은 폐를 통해 들이마시고 내뱉는 기계식(機械式) 호흡을 이용한 외호흡(外呼吸)이다. 이것이 보다 발전되면 기를 돌리는 운기 호흡(運氣呼吸), 곧 내호흡(內呼吸)을 하게 된다. 내호흡이 심화되면 폐호흡이 거의 멈춘 듯한 단계에 이르게 된다. 이 단계에서는 폐호흡이 아닌 피부 호흡, 곧 체식(體息) 호흡을 하게 된다. 이것이 보다 발전하면 족심식(足心息) 호흡에 이르게 된다.

호흡의 단계는 기운을 모으는 축기(蓄氣) 단계, 기운을 돌리기 시작하는 운기(運氣) 단계, 몸 전체의 경락(寄經八脈과 十二正經)으로 기운을 돌리는 소주천(小周天) 단계, 외부의 고차원의 기운을 연결하여 몸 안에 돌리는 대주천(大周天) 단계 등으로 다시 나누어진다.

이러한 호흡 단계의 발전은 수련의 정도에 따라 자연스럽게 진행되는 것이다. 초보자가 억지로 호흡을 멈추려 한다든지 기운을 모으지 않고 돌리기를 먼저 하려는 것은 모두 잘못된 방법들이다.

단전 호흡의 기원

우리나라의 단전 호흡

우리나라의 도맥(道脈)은 본래 환인(桓因), 환웅(桓雄), 단군시대로부터 이어져 내려왔다. 「한단고기」에 따르면 우리나라의 선도가 체계화된 것은 배달국 제5대 태우의 환웅 천황 때라고 한다. 이러한 선풍(仙風)은 고구려의 조의선인(皂衣仙人 ; 조의라는 명칭은 흑색 옷을 입은 데서 온 것으로 생각된다. 신라의 화랑도와 마찬가지로 국가 인재 양성 제도), 신라의 화랑도 등으로 이어져 오다가 고려 인종 13년에 일어난 묘청의 난이 사대주의 김부식 일파의 승리로 끝나면서 선도에 대한 대대적인 탄압에 의해 역사의 주류로부터 밀려나게 되었다. 이후 정통 선도는 엄한 감시 속에서 은밀한 법[4]으로 전해지게 되었다.

현재 남아 있는 우리나라 고유의 경전인 「천부경(天符經)」, 「삼일신고(三一神誥)」, 「참전계경(參佺戒經)」은 과거 우리 조상의 정통수련법[5]을 간직하고 있는 심오한 선도 수련의 경전들이다.

중국의 단전 호흡

본래 중국의 선도는 동방으로부터 배워간 것이다.[6] 우리나라에

이승헌 원장의 단전 호흡 자세

서 외래 사상에 밀려 힘을 잃어버린 것과는 대조적으로 중국의 선도
는 음양오행, 신선사상과 주역사상을 합쳐 5천5백 권의 「도장경(道藏
經)」을 만들고 노자와 장자를 시조로 하는 도교(道敎)를 이루어 크게
번창하였다.

　중국의 선도는 티베트의 밀교 수행법과 불교의 선법(禪法) 등을 받
아들이고 많은 술법을 개발하여 여러 갈래의 계파로 나뉘게 되었으
며, 의학과 무술 등에도 많은 영향을 주었다.

　이러한 중국의 선도는 근래에도 이어져 이들의 수행법을 기록한
서적이 국내에도 번역되고 있는 실정이며, 또한 일반인들에게도 기
공 등의 형태로 그 수행법이 널리 여러 나라에 보급되고 있다.

단전 호흡의 효과

건강 회복

오늘날 현대인은 문명의 혜택에 힘입어 경제적, 문화적으로 윤택한 생활을 누리고 있다. 그러나 이와는 반대로 모든 생활의 가장 기본이 되는 건강은 점점 잃어가고 있다. 평균 수명은 늘어났으나 복잡하고 다양해진 정신 활동과 환경의 악화로 인해 현대인의 실질적인 건강 상태는 매우 심각하다. 과도한 긴장으로 인한 스트레스, 환경 오염 등은 이름을 알 수 없는 새로운 형태의 질병들을 낳게 하였다.

현대의 질병은 영양의 부족이나 세균의 감염에 의한 것보다는 심리적 원인에서 기인하는 질병, 곧 심인성 질환이 대부분이다. 병원에 가도 병명을 알 수 없거나 또는 환자 본인이 육체적 아픔이나 문제점을 호소함에도 불구하고 현대 의학의 검진 방식으로는 이상을 발견할 수 없다든지, 특별한 처방이 없는 경우는 마음에서 기인하는 병이라고 보아도 무방하다.

이러한 심인성 질환은 외부의 자극을 소화하는 내적인 조절 능력을 상실함으로써 나타난다. 따라서 잃어버린 내적 조절 능력을 회복하는 것이 우선 질병의 치료에서 중요하다.

신체 조절 능력이 완전히 상실되지 않은 경우에는 외적인 자극을 피하는 소극적인 방법, 예를 들어 휴양이나 휴식 등을 통해 조절 능력을 회복시킬 수 있다. 그러나 내적인 조절 능력이 이미 한계를 넘어 회복할 수 없는 경우에는 비록 외적인 요인이 제거되더라도 병은 쉽게 치유되지 않는다. 또한 휴양 등의 소극적인 방법을 통해 질병으로부터 회복되었더라도 다시 사회로 복귀하면 재발할 소지를 안고 있다. 따라서 심인성 질환의 치유에는 보다 적극적으로 내적 조절 능력을 회복시킬 수 있는 방법이 필요하다.

단전 호흡은 기운을 터득하여 그 기운을 자신의 의지대로 운용하면서 자신의 몸과 마음에서 일어나는 변화를 살피는 과정에서 자기 조절 능력을 터득하고, 신체의 자율 기능을 극대화함으로써 심인성 질환을 적극적으로 해결할 수 있는 훌륭한 방법이다.

신체의 교정

단전 호흡을 통해 축적된 기운이 경락을 타고 몸 전체로 흐르면, 약하던 신체의 기능이 살아나고 자세가 바르게 교정된다. 그리고 기운이 하단전에 모이면 아랫배와 허리에 힘이 붙고 굽은 허리가 바르게 서며, 기운이 척추를 타고 돌게 되면서 척추 부위가 자연히 펴지게 된다.

단전 호흡을 위한 준비 운동인 도인 체조는 척추 교정 운동이다. 인체의 연락망이라 할 수 있는 중추 신경계 척수 신경은 척추에서 갈

라져 나오는데, 척추가 비뚤어지고 잘못된 경우 신경에 압박을 받아 인체 각 부위와 뇌신경 사이의 연락 기능이 악화된다. 또한 인체의 가슴과 복부로는 자율 신경계가 흐르고 있는데, 숙변으로 인해 장이 제 기능을 상실하거나 스트레스로 인해 가슴 부위 경락이 막히게 되면 이 또한 질병의 원인이 된다.

단전 호흡 때에 이루어지는 자연스러운 장 운동과 도인 체조로 얻어지는 척추 교정은 근육의 이완과 바른 자세를 가져다주고 교정뿐 아니라 신경계를 활성화시켜 자연 치유 능력을 극대화하는 효과가 있다.

미용 효과

신체가 교정되는 점 말고도 단전 호흡은 몸에 기운을 돌게 하고 기운의 흐름이 정체된 곳을 풀게 하며 기운이 부족한 곳은 메워 준다. 그로 인해 신체의 각 부위가 골고루 발달하게 되어 자연히 군살이 빠지게 되고 균형 잡힌 몸매를 갖추게 된다.

단전 호흡을 통한 자연스런 장 운동은 숙변을 제거해 준다. 숙변의 제거는 숙변에서 발생한 유독 성분이 몸의 각 기관으로 유입되는 것을 근본적으로 막아 주며, 장 기능 및 내분비샘 기능을 활성화시켜 아름다운 피부를 갖게 한다. 심리적으로도 항상 안정되고 흔들리지 않는 상태를 유지하게 된다. 이러한 마음의 평정을 통해 어떠한 자극에도 들뜨지 않는 내면의 안정을 얻을 수 있게 된다.

시간을 많이 들여 공부한다고 학습의 능률이 오르고 공부가 잘 되

단전 호흡   현대인은 복잡하고 다양해진 정신 활동과 환경의 악화로 인해 이름을 알 수 없는 새로운 형태의 질병을 많이 앓고 있다. 단전 호흡을 하게 되면 이러한 질병의 치료는 물론 신체의 교정, 미용 효과 면에서도 탁월한 효과를 가져온다.

는 것은 아니다. 학습의 능률은 정신적, 육체적 상태가 최적에 이르렀을 때 가장 좋은 상태가 된다. 학습은 양적인 면뿐만이 아니라 질적인 면이 합하여 최상의 결과를 낳는다.

정신 노동으로 인해 머리로만 기운이 몰리게 되면 자연 아랫배의 내장 기능이 저하되고, 이러한 불균형으로 인한 기능의 저하는 곧 몸 전체로 파급되어 전체적 기능이 저하되는 결과를 낳는다. 또한 비뚤어진 자세를 오랫동안 유지할 경우 신경계와 내장 기능이 손상된다.

학습을 통한 육체적, 심리적 불안정과 스트레스가 단전 호흡을 통해 극복될 수 있다. 머리로 몰린 기운을 아랫배로 내리고 아랫배에서 다시 머리로 돌리는 순환 과정에서 기운은 다시 몸 전체로 고루 분배되며 장기의 기능이 회복된다. 또한 정체된 기운이 아닌 순환에서 오는 맑고 시원한 기운이 머리로 공급되면서 뇌의 기능이 활성화되어 기억력과 창의력이 향상된다.

이렇듯 몸의 기능이 회복된 상태에서 명상을 통해 뇌파가 가라앉게 되면 집중력이 향상되고 수련자는 모든 것을 잊은 상태에서 일상의 압박으로부터 해방되어 심리적 안정을 되찾을 수 있다.

단전 호흡 수련의 기초

가장 좋은 호흡법

가장 좋은 호흡 방법이 무엇인가에 대해 질문을 받는 경우가 흔히 있다. 호흡법에는 여러 종류가 있다. 코로 마시고 입으로 내쉬는 호흡, 코로 마시고 코로 내쉬는 호흡, 길게 쉬는 호흡, 오래 멈추는 호흡, 복식 순호흡(들이마실 때 배를 내밀고 내쉴 때 배를 집어넣음.), 복식 역호흡(복식 순호흡과 반대로 행함.), 흉식 자연 호흡 등이 있는데 이상의 호흡법들은 외호흡법에 속한다. 또한 기운을 돌리는 내호흡에 있어서도 각기 의식을 집중하는 곳, 돌리는 방법 등이 매우 다양하다. 물론 그러한 호흡법은 각기 장단점이 있고 목적하는 바도 다르다. 건강한 사람이 무술에서 사용하는 호흡과 환자가 병을 치료하기 위해 하는 호흡법이 같을 수 없으며, 원기 왕성한 젊은이와 기력이 쇠잔한 노인의 호흡법이 같을 수 없다.

가장 좋은 호흡법은 자기 자신에게 가장 알맞은 호흡법이다. 아무리 놀라운 효과를 가져오는 호흡법이라 할지라도 자신에게 맞지 않는 호흡법을 억지로 하면 부작용을 일으키게 된다. 대부분의 초보자가 이러한 효능에만 관심을 갖고 무리하게 호흡을 하다가 역효과를 일으키는 경우가 종종 있다.

단전 호흡 수련은 장기간에 걸쳐 꾸준히 해야 목적한 바의 효과를 얻을 수 있는 것이므로 기초를 튼튼히 닦아야만 큰 결실을 바랄 수 있다. 초보자는 우선 잘못된 호흡 습관을 바르게 고치고 자신에게 알맞고 자연스러운 호흡을 통하여 기초를 단단히 다지는 것부터 시작하는 것이 바람직하다.

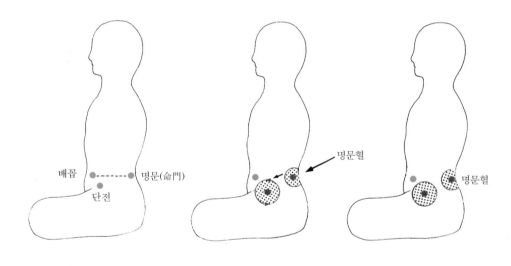

명문 호흡 일반 호흡이 코를 통해 폐로 공기가 들어오듯이 단전 호흡은 배꼽 뒤로 허리와 만나는 곳에 위치한 단전으로 기가 흘러 들어와야 한다.

잘못된 호흡 습관의 교정

현대인의 호흡은 대부분 복식 호흡이 아닌 흉식 호흡이다. 어린 아기의 경우 배를 움직여 쉬는 호흡인 복식 호흡을 한다. 이러한 호흡이 서서히 성인이 되어가면서 가슴으로 하는 흉식 호흡으로 바뀐다.

흉식 호흡은 폐에 부담을 많이 주고 폐포를 충분히 활용하지 못하는 약점이 있다. 반면에 복식 호흡은 횡경막의 자연스러운 운동을 통해 폐의 부담이 덜어지며 폐포를 충분히 활용하여 호흡을 할 수 있다. 또한 이 과정에서 자연스럽게 장 운동이 되어 숙변을 제거해 주며, 아랫배와 허리 근육에 힘이 붙어 자세가 교정되는 장점까지 있다.

오랜 세월 동안 이루어진 잘못된 호흡 습관을 빠른 시일 안에 바꾸는 것은 무리이다. 수련 지도의 경험으로도 나타나듯이 곧바로 아랫배로 호흡을 실시할 수 있는 수련자는 흔치 않다. 또한 무리하게 아랫배를 움직이려 하여 몸이 경직되고 힘이 들어가 수련이 오히려 잘 안 되는 경우도 종종 있다. 따라서 호흡 습관의 교정은 시간적 여유를 두고 서서히, 꾸준히 실행하는 것이 바람직하다. 보통 가슴에서 바로 아랫배로 옮기지 못하고 윗배의 움직임을 거쳐 서서히 아랫배의 운동으로 바뀌게 된다.

장 운동

복식 호흡의 목적을 달성하기 위해서는 인위적으로 아랫배의 힘을 강하게 하는 운동을 하는 것이 효과적이다. 호흡할 때 억지로 힘을 주는 것은 부작용을 일으키기 쉬우나 호흡과 관계없이 하는 장 운동은 숙변을 제거해 주고 아랫배에 힘을 키우며 열감을 느끼게 하는 보조 수단으로서 조금씩 늘려서 행하면 거의 부작용이 없다. 장 운동은 호흡에 맞추어 하는 방법과 숨을 멈춘 상태에서 하는 방법, 호흡과 관계없이 하는 방법 등이 있다.

1. 호흡에 맞추어 하는 방법

사진 1　아랫배를 최대한 집어넣으면서 내쉰다.

사진 2　아랫배를 최대한 내밀면서 들이마신다.

요령　길고 부드럽게 움직이는 것이 중요하다. 실제 호흡의 요령과 비슷함.

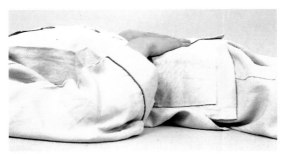

사진 1

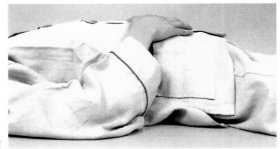

사진 2

2. 호흡을 멈춘 상태에서 하는 방법

최대한 들이마신 상태에서 호흡을 멈춘다.

사진 1　호흡을 멈춘 상태에서 아랫배를 내민다.

사진 2　호흡을 멈춘 상태에서 아랫배를 집어넣는다(사진 1과 2를 약 3~5회 반복).

최대한 내쉰 상태에서 호흡을 멈춘다. 사진 1과 2의 동작을 반복한다. 다시 맨 처음의 동작으로 돌아간다.

요령　확실한 동작으로 내밀고 집어넣어야 한다. 선 자세뿐 아니라 앉은 자세 등으로 바꾸어 행하면 보다 큰 효과를 가져올 수 있다.

주의　초보자는 먼저 1의 방법에 익숙해진 뒤 2의 방법을 취하도록 하는 것이 바람직하다. 무리하게 호흡을 멈추고 행하려 하면 부작용이 생길 수도 있다. 익숙해진 뒤에 조금씩 시간이나 횟수를 늘

사진 1　　　　　　　　　사진 2

러도 좋다.

3. 호흡에 관계없이 하는 방법

호흡에 관계없이 하는 방법은 아랫배를 내밀고 집어넣는 1의 동작을 빨리 하는 것이다. 1분에 약 30회 정도에서 시작하여 점차 빨리 하도록 한다(내밀고 집어넣는 동작이 1회). 익숙해지면 1분에 약 120회 정도 할 수 있어야 한다.

요령 서서히 속도를 빨리 한다. 천천히 하다가 점점 빠르게 하여 다시 천천히 하여 끝마친다.

주의 무리하게 처음부터 빨리 하거나 자신의 몸에 맞지 않게 빨리 하는 행위는 부작용을 가져올 수 있다.

위와 같은 장 운동은 자세와 장소에 관계없이 행할 수 있으나 처음에는 사진과 같이 서서 하는 자세가 바람직하다. 서서 하는 자세는 기운이 뜨지 않고 아랫배에 힘을 주기 쉬운 장점이 있다.

위와 같이 장 운동을 하게 되면 수련자에 따라서 3일에서 2주일 안에 배에 통증을 느끼고 설사를 하거나 잦은 변(약 1일 3회 정도)을 보게 되는 경우가 생길 수 있다. 이는 장내의 숙변이 제거되는 과정에서 일어나는 현상으로 특별히 심각한 부작용은 아니다. 이러한 현상이 나타날 때에는 장 운동을 가벼운 운동으로 전환하고 횟수를 조금 줄여 주는 것이 좋다. 며칠 지나면 이상 현상이 사라진다. 가벼운 변비나 소화 불량 등의 질환을 갖고 있던 사람의 경우 이상 현상이 사라짐과 더불어 병이 치유된다.

기운을 터득한다

수련자가 기운을 터득하지 못하고 하는 복식 호흡은 장기능의 회복과 숙변 제거의 효능은 있으나 진정한 의미의 단전 호흡 효과를 가져올 수는 없다. 따라서 진정한 단전 호흡이 되려면 먼저 기운을 터득해야 한다.

수련에서 발생하는 기운은 의식을 집중함으로써 발생되는 기운이다. 우리 몸에 의식이 집중되면 의식에 의한 심파와 몸의 정기가 만나 새로운 차원의 기운인 진기(眞氣)가 발생한다.

예를 들어 면도를 하다 면도날에 의해 피부가 상처를 입었을 때 상처 입은 자리를 의식하면 상처 부위가 더욱 시큰거리고 부어오르게 되며, 반대로 다른 일에 몰두하면 상처를 입은 것조차 잊어버리고 상처 부위가 가라앉게 되는데, 이것은 모두 심파에 의한 작용이다.

이런 심파의 작용으로 자신의 신체 어느 부위에서라도 기운을 발생시킬 수 있고, 심지어는 외부의 물체로부터 기운을 느낄 수도 있다. 그러나 초보자의 경우 그 정도의 고도화된 집중은 거의 불가능하므로 처음에는 가능한 부위에서 시작하는 것이 바람직하다. 가장 감각이 민감한 부위에서 기운을 터득하는 것이 가장 쉬운 방법이다(반대로 기운을 터득하기 위해 감각을 살리는 경우도 있다.).

감각이 예민한 손에서부터 기운을 느끼고 이것을 아랫배(단전)에서 느낀 뒤 기운을 모아 몸 전체로 돌리면서 전신의 감각을 회복시켜 나가는 방법이 일반적으로 기운을 터득하는 방법이다.

지감(止感)

지감(止感)이란 말 그대로 외부 및 내부로부터의 모든 느낌(感)을 그치는 것(止)을 말한다. 정신 통일이나 명상(瞑想) 등은 지감 수련의 일종이다. 가장 이상적인 지감은 느낌을 그친다고 생각하는 것조차 그쳐진 상태, 무념무상(無念無想), 무심(無心)의 상태에 도달하는 것이라 할 수 있다. 그러나 실제 수련에 있어서 초보자가 이러한 모든 생각이 끊어진 상태에서 바로 들어가기란 아주 어려운 일이다. 따라서 보통 처음에는 그러한 무념무상의 상태에 들어가기 위한 방편으로, 한 가지에 대해 집중하는 방법을 사용한다.

집중을 위한 방법은 다양하다. 음악이나 춤, 그림이나 서예, 바둑이나 낚시 또는 일상 생활의 평범한 행위들(설거지, 청소, 빨래 등)조차도 집중을 위한 방법이 될 수 있다. 그런데 그러한 형태의 집중은 외적인 대상을 통한 집중으로, 비록 그 시작은 쉬울지 모르나 완성은 오히려 어려운 면이 있다. 왜냐하면 집중을 하는 것은 외적인 그 무엇이 아닌 바로 자기 자신이기 때문이다. 결국 자기 자신이 집중을 하는 것이므로 자기 자신에 대한 조절이 없이는 그러한 집중의 목적을 달성하기란 매우 어렵다.

결국 집중의 방법은 수련자에게는 수련 과정상 풀어야 할 하나의 과제로 다가온다. 자기 자신을 통한 명상법의 하나가 바로 호흡을 통한 명상이다.

호흡 명상은 자신의 변화를 살핌으로써 스스로를 조절하여 집중의 궁극적 목표인 무심에 도달하는 방법이다. 처음에는 외부의 공기가 자기 자신의 몸으로 들어오고 나가는 것을 살피는 단계에서 시작한다. 과정이 숙달되면 다음 단계로 나아간다. 사실 자신의 몸 안에서 도는 기운은 외부의 공기가 아니다. 수련자는 자신의 호흡을 관찰하는 가운데 외부의 공기가 아닌 내부의 기운을 살피는 단계로 나아가게 되는 것이다. 이것이 보다 발전되면 기운의 흐름을 지켜보는 궁극적 실체를 찾아나가게 된다. 곧 감정의 변화를 살피고 감정이 일어나고 사라지는 중심을 보게 된다.

손지감(止感)

지감 수련 과정에서 수련자는 기운을 터득하게 된다. 호흡을 지켜보는 것만큼이나 기운을 터득하는 데는 많은 노력이 필요하므로 누구나 쉽게 할 수 있는 손지감 수련을 소개한다.

모든 생명체는 기운에 의해 생명 활동을 영위해 간다. 따라서 본질적으로 기운(생명 에너지)은 생명이 있는 사람이면 누구나 느낄 수 있다. 다만 문제가 되는 것은 기운의 존재에 대한 의심과 집중력의 부족이다.

기운의 존재에 대한 의심을 갖는 사람들에게 제시할 수 있는 증거는 자기 자신이 현재 살아 있는 생명체라는 것이다. 기운에 의해 살아가는 한 기운의 존재를 의심할 필요는 없다. 문제는 어떻게 느낄 것인가 하는 점이다. 사실 기운은 유형의 물질이 아니므로 그 존재를 감각으로 느끼기란 쉽지 않다. 실제로 초보자의 경우 기운을 아주 미세하게 느끼는데, 이러한 미세한 감각을 보다 확실하게 느끼기 위해서는 고도의 집중이 필요하다. 처음 기운을 느끼고자 하는 경우에는 신체 가운데 감각이 예민한 부위를 통해 기운을 느끼는 것이 좋다.

손은 인간이 가장 자주 사용하는 기관 가운데 하나로서 손에는 몸의 십이정경의 일부가 흐르고 있고 장심(掌心)과 같은 외단전이 있다. 손은 감각이 예민하므로 기운을 빨리 터득하게 되는 장점이 있고, 손지감 수련을 통해 경락을 활성화시키게 되며, 외단전의 혈자리를 살려 몸 전체로 그 영향을 파급시키는 효과가 있다.

손지감의 실제

손지감이 보다 발전되면 몸의 다른 부위에서도 기운을 느낄 수 있게 되며 나아가서는 타인이나 다른 물체에서도 기운을 느낄 수 있게 된다.

기운을 타고 움직이는 동작이 보다 성숙되면 무용이나 무술의 형태로 발전되기도 한다. 처음에는 모든 것을 기운에 맡기고 기운을 따라 움직이도록 한다. 이것이 익숙해지면 상상이나 의념을 통해 기운을 움직여 본다.

수련자들 가운데는 저절로 움직이는 것이 흥미롭다고 너무 기운에 맡기는 경우도 있다. 그렇지만 처음에는 기운을 터득하고 잠재의식 속에 싸인 그 무엇을 풀기 위해서는 그러한 동작을 내버려 두지만 기운은 조절되어야 하는 것이지 수련자가 기운에 끌려 다녀서는 안 된다. 어느 정도 기운을 터득한 상태에서는 기운을 조절하기 위해 다음 단계의 수련으로 옮겨 가도록 하는 것이 바람직하다. 물론 억지로 기운을 조절하려 하는 것은 오히려 부작용을 낳기 쉽다. 자신의 수준에 맞추어 자연스럽게 수련의 차원을 높이도록 한다.

사진 1:자세   처음 손지감을 시작할 때의 자세는 보통 반가부좌

나 가부좌로 앉은 자세를 취한다(사진 1-1). 이러한 자세는 매우 안정된 자세로서 집중에 큰 도움이 된다. 그러나 이러한 자세는 일반인에게는 생소한 자세이다. 또한 허벅지가 굵고 다리가 짧은 우리나라 사람의 체형에는 잘 어울리지 않는 점도 있다. 따라서 편하게 앉거나 의자에 앉은 자세(1-2)도 무방하다.

요령　허리를 세우고 가슴을 펴며 머리는 천장에 실로 매단 듯한 기분으로 바르게 세워 준다. 목은 몸 쪽으로 약간 끌어당긴다.

주의　허리를 세우되 지나치게 힘이 들어가서는 안 된다. 목을 세우되 어깨가 경직되어서도 안 된다. 중요한 것은 자연스럽고 안정된 자세여야 하므로 억지로 잘 되지 않는 자세를 취하려 하지 말고 자신에게 알맞은 자세를 취하여 차츰 교정해 나간다.

사진 1-1

사진 1-2 정면   사진 1-2 옆면

사진 2:몸의 이완   사진 1의 자세에서 먼저 몸 전체를 충분히 이
완시킨다. 머리에서 목, 어깨, 가슴, 명치, 아랫배, 엉덩이, 허벅지,
무릎, 종아리, 발목, 발끝으로 서서히 의식의 집중 부위를 옮겨 가
며 해당 부위의 긴장을 푼다.

요령   의식이 끊어지지 않고 연속적으로 이어지도록 한다. 머리
에서부터 발끝까지 서서히 시원한 물줄기가 흘러내리는 상상을
하는 것도 하나의 방법이다.

주의   단순히 몸 근육의 이완이 아닌 심리적 이완도 함께 되어야
한다. 초보자의 경우 의식의 이동을 지나치게 빨리 하거나 뚜렷한
느낌이 없다고 너무 서서히 하는 경우가 있는데, 너무 빠르거나 느

사진 2 몸의 이완(앞)과 긴장(뒤)

린 의식의 이동은 신체적 이완에는 효과를 가져올지 몰라도 심리적인 불안이나 부담감을 가지게 되기 쉽다. 사실 신체적 이완은 심리적 안정을 가져와 집중력을 향상시키는 데에도 목적이 있다. 이때 너무 잘 하려는 욕심은 오히려 수련에 역효과를 가져올 수 있다. 욕심을 버리고 자연스럽고 편안하게 이완을 꾀하며 심리적으로도 편안한 상태에 들어가도록 한다.

사진 3 : 호흡   사진 2의 이완된 상태에서 자연스럽게 호흡을 고른다.

요령   차분하게 마음이 가라앉고 심신이 안정된 쾌적한 상태가 되도록 자신에게 알맞은 편안한 호흡을 한다. 약 1분 동안 호흡을 고른다.

주의   복식 호흡을 너무 의도적으로 할 필요는 없다. 가슴이 답답한 경우에는 내쉬는 호흡 위주로 호흡을 한다. 몇 차례 입으로 내쉬는 것도 한 방법이다. 그러나 될 수 있는 한 코로 들이마시고 코로 내쉰다.

사진 3

사진 4:양손을 합장 차분한 마음 상태에서 양손을 가슴 앞에서 합장한다(사진 4-1). 의식을 합장한 손으로 집중한다.

요령 합장할 때에는 서서히 손을 머리 위에서 합장하여(사진 4-2) 가슴 앞으로 내려 사진 4-1의 동작을 취한다. 우아한 춤의 동작처럼 서서히 움직인다. 수련이 어느 정도 되어 기운을 잘 느끼는 사람은 기운을 타고 자연스럽게 움직인다.

주의 절대적으로 어깨와 팔, 손의 긴장이 이완되어야 한다. 힘을 빼고 자연스러운 집중을 통해서 손에 열감이나 자력감 등을 느껴 본다.

사진 4-1

사진 4-2

사진 5 : 기운 느끼기   양손을 합장한 상태에서 손에 집중한다.

요령   먼저 손바닥과 손끝에 기운이 아닌 다른 감각을 찾아 집중력을 높인다. 손에는 피가 흐르고 있으므로 피의 흐름이나 맥박이 뛰는 것 등을 느끼도록 노력해 본다. 또는 방안에 공기가 흐르고 있으므로 공기가 손에 부딪히는 감각을 느껴 보려는 노력을 통해 기적인 집중력을 높일 수 있다.

주의   서두르지 말고 먼저 집중력을 높이도록 한다. 집중이 되면 기운은 자연히 느껴진다. 자석이 밀고 당기는 듯한 감각, 전기 같은 것이 짜릿짜릿하게 느껴지는 듯한 감각, 열감이나 차가운 감각, 바람이 부는 듯한 감각은 모두 기적인 감각이다.

사진 5

사진 6:기운을 따라 움직이기 사진 5의 자세에서 기운을 느끼게 되면 들이마시는 호흡과 함께 서서히 손을 벌린다(사진 6-1). 벌리면서 손바닥이 서로 미는 감각을 느낀다. 내쉬는 호흡을 따라 손을 원래의 위치로 모은다(사진 6-2). 모으면서 손바닥이 서로 끌어당기는 감각을 느낀다. 이것이 잘 되면 이번에는 손을 아래위, 앞뒤로 엇갈리게 움직여 본다(사진 6-3, 6-4, 6-5, 6-6).

요령 들이마시는 호흡에서 폐와 아랫배가 팽창이 된다. 손바닥을 벌리는 것은 실제의 감각 말고도 그러한 연상을 통해 같은 감각을 아랫배에서 느끼도록 하는 효과가 있다.

주의 손의 감각을 놓치지 않은 상태에서 움직이도록 한다. 사진 5의 자세에서 얻어진 감각이 계속 유지되어야 한다. 감각을 놓치게 되면 이상에서 소개한 움직임은 기운을 타고 움직이는 것이 아닌 단순한 손 운동에 불과하다.

사진 6-1

사진 6-2

사진 6-3

사진 6-4

사진 6-5

사진 6-6

사진 7:마무리　서서히 두 손을 모아 합장한다(사진 7-1). 이 상태에서 잠시 명상에 들어간다. 명상에서 깨어난 뒤 양손을 비벼 따뜻하게 한 뒤, 눈 위에 대고 눈동자 돌리기를 한다(사진 7-2). 다시 한 번 손을 비벼 얼굴과 목을 세수하듯이 문질러 준다(사진 7-3).

사진 7-1

사진 7-2

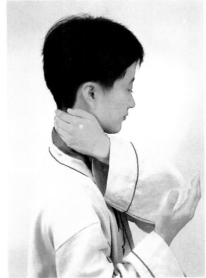
사진 7-3

사진 7-4

요령 명상을 통해 흩어진 마음과 기운을 모은다. 양손을 비빌 때에는 가볍고 빠르게 비벼 손바닥이 따뜻해질 때까지 비벼 준다. 기운을 강하게 느끼는 사람은 얼굴과 손바닥 사이에 약간 간격을 둔 상태에서 기운으로 얼굴을 문질러 주는 것도 한 방법이다(사진 7-4).

단전 호흡 수련(단전 행공)

앞서 다루었듯이 단전 호흡 수련은 역사적으로 볼 때 다양한 방법이 있어 왔다. 또한 같은 종류의 수련법에서도 개인별, 단계별로 수련하는 방법이 다르다. 때문에 많은 초보자들이 이러한 다양성 때문에 혼란을 겪고 있는 것도 사실이다.

이 책에서는 주로 초보자들이 공통적으로 할 수 있을 만한 수련법에 대해 기술하고자 한다. 앞서 지감에 대해서 다루었는데, 여기서는 여러 단전 호흡 수련법 가운데 주로 전통의 맥을 잇는 고유의 호흡법을 중심으로 기술하기로 한다.

지감, 조식, 금촉

우리 고유의 경전인 「삼일신고(三一神誥)」 제5장에는 다음과 같은 구절이 있다.

뭇사람들은 착하고 악함과 맑고 흐림과 넘쳐남과 모자람을 서로 섞어서 이 여러 상태의 길을 마음대로 달리다가 나고 자라고 늙고 병들고 죽는 고통에 떨어지고 만다. 그러나 깨달은 이는 느낌을 그치고 숨쉼을 고르며 부딪힘을 금하여 오직 한 뜻으로 나아가 허망함을 돌이켜 참에 이르고 마침내 크게 하늘 기운을 펴니, 이것이 바로 성품을 트고 공적을 완수함이다(衆은 善惡淸 濁厚薄을 相雜하야 從境途任走하야 墮生長消病歿의 苦하고 哲은 止 感하며 調息하며 禁觸하야 一意化行하야 返妄卽眞하야 發大神機하나 니 性通功完이 是니라).

위에서 말하는 지감은 정신 통일·명상 수련을 말하며, 조식(調息) 은 단전 호흡을, 금촉(禁觸)은 마음을 다스리고 성격을 바꾸기 위해 (잘못된 習을 버리기 위해) 오감(五感;眼, 耳, 鼻, 舌, 身)으로부터 받아들 여지는 감각(色, 聲, 香, 味, 觸)을 피하는 수련을 말한다.

위의 세 가지 수련법은 각기 마음(心)과 기운(氣), 몸(身)을 닦는 수련이다. 감식촉(感息觸)으로 말미암아 망령됨에 빠진 심기신(心氣 身)을 본래의 성명정(性命精)으로 돌이켜 인간 완성에 이르는 수련 법이다.

이러한 지감, 조식, 금촉의 수련법은 각각의 것이 따로따로 이루어 지는 것이 아니라 서로 연관을 이루고 있어 나눌래야 나눌 수 없는 것 들이다. 지감 수련의 예를 들어보면 명상 상태에 들어갔을 때 자연스 럽게 호흡이 길어지고 고르게 되며, 깊은 명상 상태에서는 저절로 고 도의 내호흡 상태에 들어가게 된다[調息]. 또한 높은 수준의 정신(精 神)은 오감의 세계로부터 자유로워진다[禁觸]. 조식의 경우에도 호흡 을 고르다 보면 자연 깊은 정신 집중의 상태에 들어가게 되고[止感], 기운이 조화를 이루면 오감의 유혹에 잘 끌려가지 않게 된다[禁觸].

이처럼 세 가지 수련은 서로 연관을 갖고 있다. 때문에 세 가지 수련을 같은 비중을 두어 수련할 필요가 없이 한 가지 수련을 위주로 하고 나머지 수련을 보조로 하여 닦는 것이다.[7]

반면에 한 가지를 어기면 나머지 두 가지 수련에도 나쁜 영향을 미친다. 예를 들어 오감의 유혹에 끌리게 되면 정신 집중이나 호흡 조절이 잘 될 리가 없다. 또한 자기 조절이 이루어지지 않은 상태에서 (호흡의 조절은 나아가서는 자기의 기운을 임으로 조정하는 것임.) 억지로 계율 등을 지켜봐야 마음의 평화(心平;지감으로부터 얻어진다.)를 이룰 수 없으며 오히려 내적 갈등으로 인해 정(精)이 고갈된다. 그러므로 비록 한 가지 수련을 위주로 하더라도 나머지 수련을 소홀히 할 수 없는 것이다.

단전 호흡 수련은 조식 수련이라고 할 수 있다. 호흡을 통해 기운을 조절하는 것을 위주로 수련하되 오감의 부딪힘을 피하고 정신을 통일하는 것 역시 중요하다. 수련자는 반드시 간소하고 절제된 생활을 하여 정을 보(保)하고, 일단 수련에 들면 일상의 모든 상념(想念)을 과감히 끊을 수 있어야 한다. 이것을 지키지 아니하고 수련의 효과가 없다고 말하는 것은 어리석은 일이다.

도인 체조

보통 호흡에 들어가기 전에는 가볍게 몸을 풀어 준다. 초보자가 몸과 마음이 경직된 상태에서 억지로 단전 호흡을 시도하여 부작용이 생기는 경우를 흔히 볼 수 있다. 이러한 경우 먼저 심신의 이완이 절대적으로 필요하다.

도인 체조는 가벼운 운동을 통해 호흡에 앞서 심신을 이완시키는 것을 주목적으로 한다. 보통 심장에서 먼 곳부터 시작하여 가까운 부위, 다시 심장에서 먼 부위의 운동을 점차적으로 하고, 가벼운 운동에서 시작하여 조금 강하게, 다시 가벼운 운동으로 돌아간다.

도인 체조는 심신의 이완이라는 효과 말고도 척추의 교정 및 내장 기능을 활성화하는 효과가 있다. 또한 서서히 호흡을 고르고 기운을 타면서 행하면 운동 이상의 효과(축기 및 운기)를 가져온다.

도인 체조의 요령은 여유 있게 서서 정확한 자세로 한다. 특히 의식과 호흡에 유의하여 의식이 항상 아랫배(下丹田)를 떠나지 않게 한다. 호흡은 몸이 늘어나고 펴지는 동작에서 들이마시고 이완하여 구부리는 동작에서 내쉰다.

많은 도인 체조가 있으나 혼란을 피하고 초보자가 쉽게 수련할 수 있도록 이 책에서는 몇 가지(기초가 되는 동작 위주로)만을 다루겠다(참고로 초보자는 목과 어깨가 경직되기 쉬우므로 목 운동과 어깨를 풀어 주는 체조를 미리 한 뒤에 다음의 도인 체조를 하는 것이 보다 효과적임을 밝혀 둔다).

무릎 털기

편안한 자세에서 다리를 어깨 너비 정도로 벌리고 양 무릎을 털어 준다(사진 1). 발을 원래대로 벌려 준 뒤 몸 쪽으로 당겼다가 뻗어 준다(사진 2-1, 2-2). 또는 다리를 위로 뻗어 주면서 떨어뜨린다(사진 3-1, 3-2).

요령 다리에 힘을 빼고 가볍게 털어 준다. 약 50~200회 정도가 알맞다.

효과 자연스럽게 다리에 기운이 흐르게 된다. 초보자는 명상 수련 때에 앉은 자세에서 다리로 기운이 통하지 않기 때문에 오래 앉아 있으면 다리가 저리게 되는데 그러한 경우 이 동작을 수련 전후에 해주면 효과적이다.

사진 1

사진 2-1

사진 2-2

사진 3-1

사진 3-2

발끝 부딪히기

다리를 모아 양 발끝을 부딪힌다(사진 1, 사진 2, 사진 3).

요령 다리에 힘을 적당히 빼고 대신 발에는 힘을 주어 행한다. 약 50~200회 정도가 알맞다.

주의 초보자의 경우 발 바깥쪽이 바닥에 닿지 않거나 너무 힘을 주어 동작이 부자연스러운 경우가 있는데, 벌리는 동작에서는 발끝이 가볍게 바닥에 닿도록 하여야 한다(사진 3).

효과 무릎 털기와 같은 효과가 있으며, 더불어 비틀림 운동을 통해 다리 근육의 고른 발달과 항문의 힘을 기를 수 있다.

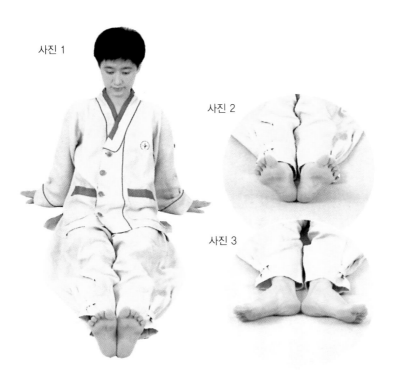

사진 1

사진 2

사진 3

손으로 두드리기(조타법, 앉은 자세)

사진 1:양팔 다리를 가볍게 벌리고 뻗은 상태에서 왼팔을 수평하게 들고 오른손으로 어깨에서 팔의 외측을 따라 가볍게 두드린다(사진 1-1). 팔꿈치, 팔목을 지나 손바닥에서 팔 안쪽을 두드려 준다(사진 1-2). 어깨에서 엄지손가락 방향으로 두드려 준 뒤(사진 1-3) 엄지손가락을 하늘 방향으로 하여 사진 1-4의 요령으로 새끼손가락에서 겨드랑이까지 두드리며 내려온다(사진 1-4). 오른손으로 가슴을 두드리다가, 왼손으로 바꾸어 조타한다. 앞의 요령과 마찬가지로 하여 오른팔을 왼손으로 두드린다.

요령 주로 손끝으로 두드리되 약간 따끔따끔할 정도로 일정하게 두드린다. 조타되는 팔은 힘을 빼고 이완한다. 가슴 등 넓은 부위를 두드릴 때에는 손을 오목하게 하여 내부가 울리도록 한다.

주의 시선은 항상 손끝을 따라간다. 초보자의 경우 시선이 엉뚱한 곳을 향하는 사람을 흔히 발견할 수 있다. 시선의 집중은 두드리는 부위에 의식을 두고자 하는 것이다. 도인 체조는 의식과 호흡, 동작이 통일되어야 참다운 효과를 충분히 발휘할 수 있다. 수련이 진척되어 시선에 관계없이 의식을 보낼 수 있는 정도에서는 앞을 바라보면서 행하여도 무방하다.

사진 2:가슴 사진 1의 동작으로부터 연속적으로 이어진다. 오른팔의 조타를 마친 뒤 왼손과 오른손을 바꾸는 동작 대신 양손으로 양 가슴을 두드린다(사진 2-1). 서서히 손을 이동하여 오른손으로 왼가슴(심장 부위), 왼손으로 오른쪽 늑골을 두드린다(사진 2-2). 다시 양손으로 가슴을 두드리다가 왼손으로 오른쪽 가슴을, 오른

사진 1-1

사진 1-2

사진 1-3

사진 1-4

손으로 왼쪽 늑골을 두드린다(사진 2-3). 다시 가슴을 두드리는 동작(사진 2-1)으로 돌아온다.

요령 두드리는 손과 부딪히는 몸이 서로 마주 부딪히도록 두드리는 동작에서 몸을 가볍게 내밀어 주는 것이 보다 효과적이다.

주의 초보자의 경우 가슴과 옆구리를 두드릴 때, 앞으로 내밀지 않고 반대로 뒤로 빼는 사람들이 있다. 그런 동작에서 앞의 요령대로 실천하기는 부자연스럽다. 바른 동작을 취하는 것이 바람직하다.

사진 2-1

사진 2-2

사진 2-3

사진 3:복부, 옆구리, 신장 사진 2의 동작으로부터 계속 이어진
다. 가슴에서부터 명치를 두드린다(사진 3-1). 명치에서 복부를 거
쳐(사진 3-2) 양 옆구리를 두드린다(사진 3-3). 앞으로 숙이면서 신
장을 두드린다.

요령 끊어지지 않고 연속적으로 이어지도록 한다.

주의 신장 부위를 두드릴 때에는 가볍게 두드리도록 한다.

사진 3-1

사진 3-2

사진 3-3

사진 4:다리 두드리기 사진 3의 동작으로부터 이어진다. 신장에서 엉덩이를 거쳐 양 허벅지(바깥쪽)를 두드린다(사진 4-1). 앞으로 숙이면서 무릎, 종아리, 발목을 거쳐 발끝(발등)까지(사진 4-2), 허리를 세우면서 발끝에서 발바닥, 발목, 종아리, 무릎을 거쳐 허벅지(발 안쪽)를 두드린다(사진 4-3). 앞으로 숙이면서 허벅지, 무릎, 종아리, 발목을 거쳐 발등까지 두드린다(사진 4-4). 균형을 잡을 수 있는 사람은 다리를 들어 다리 뒤쪽을 발목에서 허벅지까지 두드린다(사진 4-5). 균형을 잡을 수 없는 경우에는 왼손으로 왼다리를 잡고 오른손으로 다리 뒤쪽을 두드리고(4-6) 반대쪽도 마찬가지로 발목 뒤에서 허벅지까지 두드린다.

사진 4-1

사진 4-2

사진 4-3

사진 4-4

사진 4-5

사진 4-6

요령 다리 바깥쪽을 두드릴 때에는 발끝을 안쪽으로, 다리 안쪽
을 두드릴 때에는 발끝을 바깥쪽으로, 다리 앞쪽을 두드릴 때에는
발끝을 앞으로, 다리 뒤쪽을 두드릴 때에는 발끝을 안쪽으로 당겨
두드리고자 하는 부위의 근육에 약간의 긴장감을 준다.

단전 두드리기　사진 4의 동작을 마친 뒤 양발을 모아 다리를 약 15도 정도 올리고 양손으로 아랫배를 두드린다.

요령　허리를 세워 준다. 허리가 앞으로 굽으면 아랫배에 힘이 들어가지 않고 장이 눌리게 된다. 발끝을 모아 주어야 한다. 발끝을 모으고 다리를 쭉 뻗으면 저절로 항문에 힘이 들어가게 된다.

사진 5 : 전신 쓸어 주기　단전 두드리기를 마치고 난 뒤 양손으로 아랫배를 시계 방향으로 돌린다(사진 5-1). 쓸어 주는 동작은 명치를 거쳐 아랫배까지 해준다(사진 5-2). 오른손으로 왼쪽 어깨에서 손끝까지(안쪽, 바깥쪽, 엄지, 새끼손가락 방향) 쓸어내린다(사진 5-3). 손을 바꾸어 반대쪽도 쓸어내린다. 가슴에서 발끝(안쪽)까지 앞으로 숙이면서 쓸어내린다. 신장에서 발끝(바깥쪽)까지 쓸어내린다.

사진 5-1

요령 쓸어내릴 때에는 두드리기를 통해 밖으로 나온 몸의 탁한 기운을 쓸어내린다는 기분으로 부드럽고 정성스럽게 한다.

주의 쓸어내릴 때에도 역시 시선이 손을 따라가야 한다.

효과 두드리는 동작을 통해 피부와 경락의 감각을 살려 준다. 쓸어내리는 동작을 통해 몸의 나쁜 기운을 털어 낸다. 두드리는 동작에서 손이 움직이는 방향은 우리 몸의 경락에서 기운이 흐르는 방향과 밀접한 관계가 있다.[8] 곧 수련자는 의식을 집중하여 두드리는 동작을 통해서 기운이 흐르는 방향을 감각적으로 습득할 수 있다.

사진 5-2

사진 5-3

발과 다리 풀어 주기

사진 1 : 발목 돌리기

요령   왼쪽 발목을 오른쪽 허벅지 위에 올려놓고 왼손으로 왼쪽 발목을 잡고 오른손으로 발끝을 잡고 발목을 돌려 준다. 발목을 돌릴 때에는 숨을 들이마신 채로 앞쪽, 뒤쪽 8호간씩 번갈아 돌려 준다.

효과   발목 관절의 이완, 발가락을 자극함으로써 화기(火氣)를 내리고 기혈 순환을 활발하게 해준다.

사진 1

사진 2 : 용천 두드리기

요령   발목 돌리기가 끝나면 오른손으로 왼쪽 발목을 잡고 왼손으로 발바닥 용천을 두드려 준다. 신나게 박자를 맞춰가면서 한다 (20회).

효과   기가 역상한 사람의 경우 화기를 내려 준다.

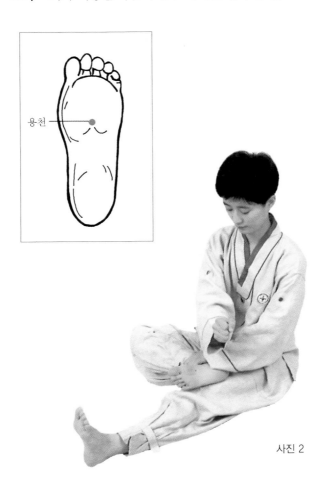

용천

사진 2

사진 3 : 삼음교 누르기

요령 양손 엄지로 발목뼈에서 7, 8센티미터 위쪽의 삼음교 혈(穴)을 지그시 눌러 준다.

효과 간, 콩팥, 비장의 기혈 순환이 활발해진다.

사진 4 : 장딴지, 허벅지 안쪽 누르기

요령 삼음교 동작이 끝나면 장딴지 안쪽을 따라 올라가면서 경골 안쪽을 따라 대퇴부까지 이르며, 양 엄지손가락으로 은은히 누르며 자극을 풀어 준다.

사진 3

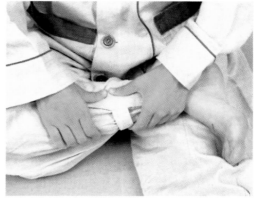

사진 4

사진 5: 손 엇갈려 누르기

요령 양손을 엇갈려 무릎을 누르면서 발끝을 잡고 상체를 숙여
준다(사진 5-1, 5-2).

왼발 발목 돌리기, 용천 두드리기, 삼음교 누르기, 장딴지 허벅지
안쪽 누르기, 손 엇갈려 누르기가 끝나면 발을 바꾸어서 오른발 발
목 돌리기부터 손 엇갈려 누르기까지 한 번씩 실시한다.

사진 5-1

사진 5-2

사진 6: 허리 비틀기

요령 좌우 번갈아가면서 두 손을 바닥에 짚고 허리를 비튼다. 왼쪽으로 비틀면 오른쪽 뺨이 바닥에 닿도록 한다. 허리를 비틀 때 발끝을 몸 쪽으로 당겨 주거나 쭉 뻗어 준다. 동작마다 호흡을 내쉬거나 들이쉬면서 실시한다(좌우 각 2회씩 실시한다.).

효과 허리 이완 및 흉추 풀어 주기, 비틀어진 허리 교정

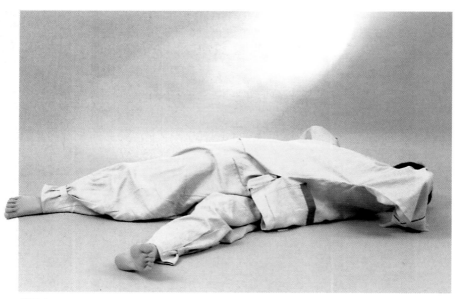

사진 6

사진 7 : 다리 벌리고 상체 운동

사진 7-1 : 상체 좌우로 숙이기

요령   양 다리를 일(一) 자로 벌린 뒤 다리 안과 밖을 골고루 두드
려 주고 무릎을 쓸어 준 뒤 숨을 들이마신 다음 숨을 멈추고(사진
7-1-1) 상체를 좌로, 우로 숙여 준다(사진 7-1-2).

효과   인대의 탄력성을 기르며 허리 직립근의 유연성을 회복한
다. 옆구리를 신전(伸展)한다.

사진 7-1-1

사진 7-1-2

사진 7-2 : 상체 앞으로 굽히기

요령　양 다리를 넓게 벌리고 등은 편 채로 양팔을 벌려(사진 7-2-1) 배가 바닥에 닿도록 바짝 엎드린다(사진 7-2-2).

효과　고관절 이완 및 교정

사진 7-2-1

사진 7-2-2

사진 7-3 : 양 무릎 눌러 주기

요령　발바닥을 마주대고 양손으로 양 무릎이 바닥에 닿도록 부드럽게 눌러 준다. 점차 다리에 힘을 주며 손으로 강하게 눌러 주어 힘을 기른다(사진 7-3-2).

효과　고관절 및 골반 교정, 강화

주의　자세를 취하기 전에 양손으로 발을 잡고 무릎을 상하로 털어 주어 고관절을 부드럽게 이완시킨다(사진 7-3-1).

사진 7-3-1

사진 7-3-2

앉은 자세에서의 허리 운동

사진 1 : 좌우 운동

요령 양 손바닥을 무릎 위에 올려놓고 한쪽 무릎이 들릴 정도로 몸 전체를 오뚝이처럼 좌우로 움직인다(약 3~5회).

효과 앉은 자세에서 초보자가 오래 자세를 유지하지 못하는 이유 가운데 하나는 자세에 익숙지 못하여 엉덩이 근육이 접힌다든지, 골반이 비뚤어진 상태에서 그냥 앉아 버리기 때문이다. 좌우로 움직이는 자세를 통해 이러한 잘못된 자세를 바로잡을 수 있다.

사진 1

사진 2:몸통 돌리기

요령　몸 전체를 충분히 움직여 허리를 좌로 돌리고(약 3~5회) 다시 반대로 돌린다.

효과　수련에 앞서 허리의 긴장을 풀어 준다.

사진 2

사진 3:앞뒤 운동

요령　앞으로 숙이고 다시 몸을 세운다(사진 3-1, 3-2). 먼저 호흡에 관계없이 3~5회 한 뒤 호흡에 맞추어(숙일 때 입으로 내쉬고 세울 때 코로 들이쉰다.) 다시 3회 정도 반복한다. 마지막 동작에서는 숨을 내쉬고 난 뒤 엉덩이를 약간 들고 들이마시면서 머리부터 목, 어깨, 가슴, 허리의 순으로 서서히 몸을 세운다. 초보자는 앉은 자세에서 허리를 제대로 세우지 못하는 경우가 많은데 위의 마지막 동작을 통해 허리를 바로 세울 수 있다. 턱을 끌어당기고 혀는 입

사진 3-1

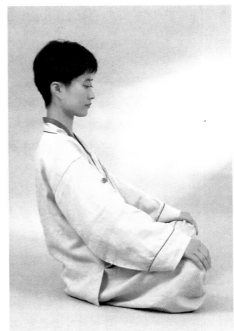

사진 3-2

천장에 대며, 가슴을 펴고 어깨와 목의 긴장을 풀어 자세를 바로잡고 몇 차례 호흡을 고른 뒤 명상에 들어간다.

효과 특히 내쉬는 호흡에서는 완전히 내쉬도록 한다. 호흡이나 명상에 앞서 맑은 기운을 받아들이기 위해서는 먼저 몸의 탁한 숨을 완전히 내쉬는 것이다. 기운을 돌리는 것이 가능한 사람은 먼저 탁한 기운을 손끝이나 발끝으로 뽑아내고 본격적인 수련에 들어가는 것과 같은 이치이다.

단전 행공(丹田行功)

앉은 자세의 수련을 초보 수련자가 바로 행할 경우 허리에 힘이 붙지 않고 호흡에 익숙지 않으며 기운을 잘 느끼지 못하기 때문에 자세를 오래 유지하기 어렵고 부작용이 생기거나 수련에 흥미를 잃기 쉽다. 따라서 그러한 초보 수련자의 경우 바로 앉은 자세의 수련에 들어가기에 앞서 먼저 허리 힘을 기르고 호흡을 숙달시키고 기운의 감각을 살려 주는 것이 바람직하다.

단전 행공은 어린아이가 어머니 뱃속에서 나와 누워서 목을 가누고 기어다니다 앉고 일어서기까지의 과정을 수련 방법으로 체계화한 것이다. 초보자는 단전 행공 수련을 통해 보다 효과적으로 건강을 회복하고 정신 수련의 기초를 닦을 수 있다.

단전 행공은 크게 누운 자세의 행공(臥功), 앉은 자세의 행공(坐功), 선 자세의 행공(立功) 등으로 나눌 수 있다. 이러한 행공들은 수련자가 스스로 기운을 타고 수련하는 과정에서 터져 나오는 동작들을 체계화한 것이므로 실제로 아주 많은 종류의 행공이 있을 수 있다. 이 책에서는 그러한 많은 단전 행공의 동작 가운데에서 이를 간소화시킨 누운 자세 아홉 동작과 앉은 자세 아홉 동작을 소개하고자 한다.

누운 자세의 행공(와공)

누운 자세의 행공은 앉은 자세를 취하기 위한 기본적인 힘을 기르고 혈성을 살리는 동작이다. 허리를 바닥에서 약간 띄우는 동작을 통해 허리의 힘을 길러 준다. 특히 와공 6번과 7번의 동작은 명문의 혈

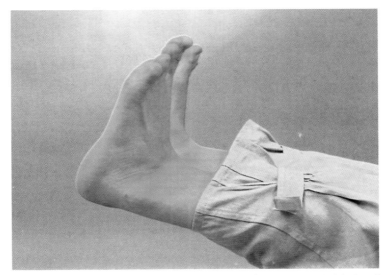

와공 2번 자세의 발 모양

성을 살리고 독맥을 발달시키는 동작들이다. 또한 와공 3번과 4번 동작은 좌우 균형을 바로잡으며 목 힘을 길러 준다.

초보자는 먼저 와공 1번을 약 2주에서 한 달가량 연습하여 하단전의 감각을 살려 준 뒤에 다른 행공에 들어가도록 한다. 이때 기적 감각의 발달을 위해 손지감 수련을 병행하는 것이 좋다.

기적 감각이 살아난 뒤에는 다른 행공에 들어간다. 보통 3, 4번 동작이나 6, 7번 동작은 어려우므로 1, 2, 5, 8번을 조합해서 동작을 취하여 단조로움을 피하고 힘을 기른다. 충분히 힘이 붙으면 3, 4번과 6, 7번을 한다. 정신 통일이 잘되는 수련자는 명상(와공 9번) 수련을 같이 해준다. 와공을 완전히 수련하고 다음 단계인 좌공으로 넘어가는 데에는 보통 3개월 이상 걸린다.

와공 1번 먼저 편안하게 자세를 취하고 머리에서부터 발끝까지 연속적으로 의식을 옮겨 가며 심신(心身)을 이완한다(사진 1-1). 충분히 이완된 상태에서 양손을 가볍게 들어 엄지손가락이 배꼽을 향하게 하여 사진과 같이 놓는다(사진 1-2). 사진과 같은 자세를 취

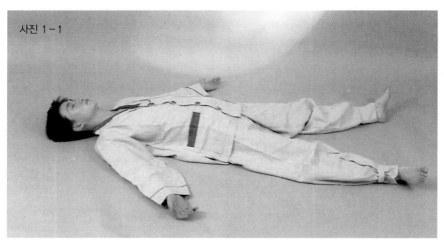

사진 1-1

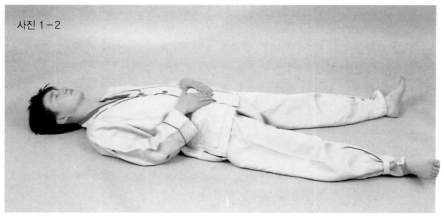

사진 1-2

한 뒤 자연스럽고 부드럽게 호흡에 들어간다. 바닥과 허리의 간격은 손바닥 하나가 들어갈 정도로 살짝 들리는 것이 알맞다.

요령 초보자의 경우 특히 어깨와 목이 경직되기 쉽다. 이러한 현상은 너무 이완하려고 노력할 때 나타나기도 한다. 억지로 이완하려 하면 이완하려는 부위에 의식이 머물게 되어 자연적으로 힘이 들어간다. 의식을 아랫배로 모으면 몸의 다른 부위는 자연히 이완된다.

아랫배에 올려놓은 손을 통해 스스로의 움직임을 감지한다. 초보자의 경우 억지로 힘을 주어 아랫배를 움직이므로 부드럽게 이어지지 않고 동작이 정지되거나 떨림이 발생하는 경우가 종종 있다. 초보자는 자신이 최대한 할 수 있는 정도(호흡 길이 및 동작)의 약 70, 80퍼센트 정도로 시작하는 것이 좋다. 동작이 익숙해지면 자연히 동작이 부드러워지고, 그로 인해 심신이 안정되면 집중이 쉽게 이루어지고 호흡도 길어진다.

시선은 눈을 감은 상태에서도 아랫배를 향한다. 흔히 기운이 역상(逆上)하는[9] 초보자의 경우, 눈동자의 방향이 위를 향하는 경우를 흔히 발견할 수 있다.

호흡의 방법은 각자에게 맞는 방법이 있으나, 한 가지 효과적인 방법의 예를 들면 5~10회 강하게 호흡(아랫배를 최대한 내밀고 집어넣음.)한 뒤 서서히 부드럽게 호흡하여 나중에는 호흡이 저절로 이루어지게 내버려 두고 항상 의식이 단전에 머물게 하는 방법이 있다.

의념 어머니의 뱃속에 있는 태아가 된 기분으로, 편안하게 마음을 아랫배에 모으고 호흡한다.

와공 2번 팔과 다리를 서서히 들어 올려 관절을 90도로 꺾어 자세를 취한다(사진 2).

요령 팔목과 발목 관절을 정확히 꺾어 준다. 팔을 쭉 뻗되 너무 힘이 들어가지 않도록 한다. 양 무릎과 팔꿈치의 간격을 너무 벌리지 않는다.

의념 팔다리가 허공에 매달려 있는 듯, 기운에 감싸여 둥둥 떠 있는 듯한 기분을 느끼도록 한다.

주의 이 자세에서 흔히 허리가 바닥과 밀착되는 경우가 많으나 와공 1번과 마찬가지로 허리는 바닥에서 조금 떨어져 있어야 한다. 누운 자세에서 허리에 힘을 붙이지 못하면 앉은 자세에서 허리가 휘는 것은 말할 필요도 없다(그러나 초보자나 허리가 약한 사람은

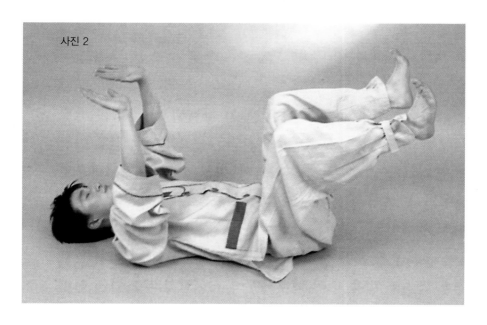

사진 2

처음에 허리를 바닥에 붙이고 시작하여 차츰 허리를 바닥에서 뜨도록 해야 한다.).

와공 3번 와공 2번 자세에서 머리를 들고 왼쪽으로 45도 기울여 호흡한다(사진 3). 팔과 다리가 정확한 각도를 유지하도록 한다.

요령 머리를 들고 의식은 다른 행공과 마찬가지로 하단전에 머물러 있어야 한다.

주의 초보자는 목에 힘이 없기 때문에 이런 자세에서 기운이 역상되는 경우가 흔히 있다. 아랫배에 의식을 두어 기운이 위로 뜨지 않도록 노력하되 기운이 역상되어 머리가 아프고 얼굴이 달아오를 때에는 억지로 무리하게 버티지 말고 머리에 힘을 빼고 머리가 바닥에 닿도록 자세를 취하도록 한다.

사진 3

와공 4번 와공 3번과 마찬가지의 동작이다. 방향만 오른쪽으로 45도 기울여 호흡한다(사진 4).

참고 와공 3번과 와공 4번은 동작 내용 면에서 같은 동작임에도 불구하고 와공 3번이 4번보다 잘 되거나 반대로 4번이 3번보다 잘 되는 경우가 흔히 있다. 그러한 현상이 생기는 원인은 여러 가지가 있으나 대체로 신체의 좌우 균형이 깨져 일어나는 현상이다.

이렇게 어느 한쪽이 더 잘 되는 경우에는 잘 안 되는 쪽이 보다 잘 되도록 노력하되, 정도의 차이가 아주 심한 경우에는 잘 되는 쪽을 충분히 하여 몸이 풀리도록 한 뒤 차츰 잘 안 되는 쪽을 되도록 노력하여 좌우의 균형을 맞추어 주도록 한다.

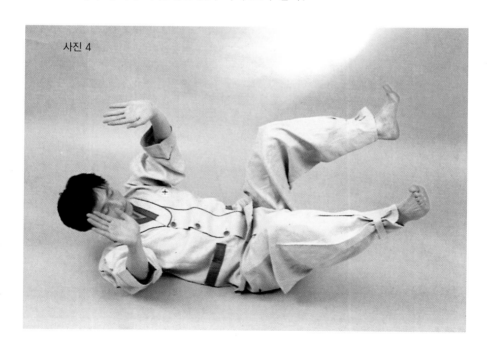

사진 4

와공 5번 와공 1번의 자세(심신을 충분히 이완시킨 뒤 양손을 가볍게 들어 엄지손가락이 배꼽을 향하게 하여 사진과 같이 놓음.)에서 다리만 사진과 같이 포개어 행한다(사진 5).

주의 전체적으로 와공 1번의 동작과 비슷하나 무게 중심이 약간 위로 가게 되고 아랫배에 힘이 조금 더 잘 들어가는 차이가 있다. 곧 와공 1번에 비해 기운이 뜨기 쉬우므로 의식이 아랫배에 머물게 하는 데 유의한다.

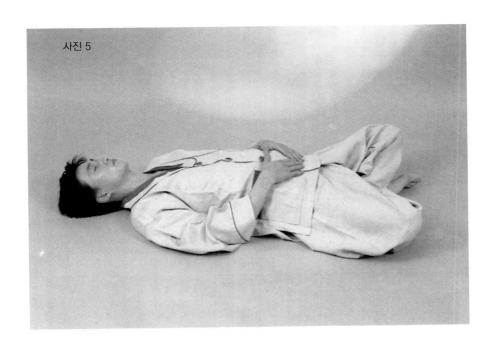

사진 5

와공 6번　엎드린 자세에서 두 손, 두 발을 쭉 뻗고 숨을 내쉰다
(사진 6-1). 고개는 편한 방향으로 돌려도 무방하다. 이 자세에서
숨을 들이마시면서 팔다리를 든다(사진 6-2). 아랫배(단전)만 바닥
에 닿도록 한다.

사진 6-1

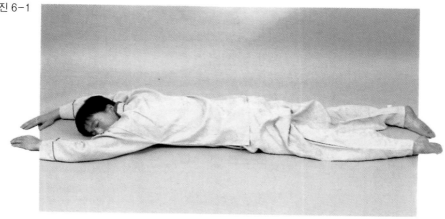

사진 6-2

요령　와공 2번부터 5번까지는 주로 가슴과 아랫배 쪽(任脈)의 발달과 관련이 있다. 그리고 와공 6번 및 7번은 주로 등 쪽(督脈)의 발달과 연관이 있다. 의식을 아랫배뿐만 아니라 명문(命門) 쪽에도 두도록 한다. 6번과 7번은 눈을 뜨고 행한다.

주의　팔목과 발목을 90도로 꺾는다. 발끝에 힘을 주어서 뻗은 동작은 잘못된 동작이다.

와공 7번　무릎을 꿇고 엎드린 자세를 취한다. 사자가 먹이를 노려보듯 전방 약 5, 6미터 앞을 바라본다(사진 7).

요령　허리에 의식을 두기 위해 지나치게 허리를 집어넣고 엉덩이를 내미는 경우가 있다. 허리는 세우되 적당히 힘을 빼어 긴장되지 않도록 한다.

사진 7

사진 8

외공 8번 반가부좌 자세에서 손을 무릎 위에 올려놓고 단전 호흡을 한다(사진 8).

요령 시간이나 호흡의 횟수에 대한 생각을 버린다.

외공 9번 합장을 한다(사진 9).

요령 명상에 들어간다. 어떠한 생각이 떠오르거나 기적인 현상이 나타나더라도 이에 이끌리지 않는다.

주의 호흡에 너무 집착하면 오히려 집중이 깨진다. 호흡은 저절로 이루어지도록 내버려 둔다. 억지로 생각을 버리려 하거나 현상을 떠나려 하는 경우에도 오히려 집중이 깨지기 쉽다. 자연스럽게

사진 9

내버려 두어 차분히 가라앉게 하는 것이 좋으나 그것이 곤란한 경우에는 마음속으로 활구(活句)[10]를 외는 등 몰두를 하여 그러한 상태를 극복한다.

참고 와공 자세에서 대개 진동(振動) 현상이 일어나게 된다. 처음 진동을 하게 되었을 때 몸의 기적 감각이 아주 활발해진다. 수련자가 자만심을 갖거나 또는 두려워하는 마음이 생기게 되는 때가 바로 이때이다. 진동이 일어난 뒤에는 부드러운 동작으로 몸을 풀고 명상을 통해 몸과 마음의 흩어진 기운을 모아서 정리하도록 한다.

앉은 자세의 행공(좌공)

보다 발달된 행공 자세인 좌공은 허리의 혈성을 살려 주는 효과가 있다. 운기의 기초가 되는 대맥[11] 유통이 좌공 수련과 밀접한 관계를 지니고 있다.

와공 수련 때보다 더욱 부드럽고 숙련된 호흡과 각 동작 사이의 자연스러운 연결이 요구된다. 기적 감각이 없으면 기운을 받거나 기운을 타고 이루어지는 동작을 제대로 할 수 없다. 수련자는 행공의 동작이 작위적이 되지 않고 집중이 흩어지지 않도록 보다 유의하여야 한다.

좌공 1번 와공 9번의 자세와 마찬가지로 합장한 상태이다(사진 1).

좌공 2번 왼손으로 왼발을 잡고 오른손은 허벅지 위에 둔다(사진 2).
요령 왼발이 몸의 중심에 오도록 한다. 발목의 각도는 90도가 되도록 한다.
의념 힘든 자세이므로 억지로 하려는 마음을 버리고 심신을 이완한다.
주의 허리를 세우되 몸이 뒤로 넘어가지 않도록 한다.

좌공 3번 좌공 2번과 반대 동작이다(사진 3).
요령 동작의 전환이 부드럽게 이어져 의식의 집중이 깨어지지 않도록 한다.

좌공 4번 앉아서 오른손으로 왼발을 잡고 왼손을 들어 손바닥을 위로 한다. 손바닥 쪽을 바라보는 듯 몸을 비튼다(사진 4).

요령 기운을 받는 자세이다. 기운을 받을 때에는 항상 심신이 이완되어 있어야 한다.

참고 몸의 중심을 잡지 못하고 몸이 조금 덜 비틀어지거나 더 비틀어진 상태에서 호흡을 할 때 각기 감각이 틀린 것을 느낄 수 있다. 중심에 오는 것을 기본으로 하되 체형이 정상인과 다른 경우(마르거나 뚱뚱한 경우)에는 각각 위치를 약간씩 조정하여 체형에 맞도록 한다. 감각을 살리기 위해서는 꼭 정해진 틀에 메일 필요는 없다.

좌공 5번 좌공 4번의 반대 자세이다(사진 5).

사진 1

사진 2

사진 3

사진 4

사진 5

좌공 6번　두 발을 모아 들고 양손으로 발끝을 잡는다. 엉덩이만 땅에 대고 단전 호흡을 한다(사진 6).

주의　허리가 굽기 쉬운 자세이므로 허리를 펴도록 한다.

좌공 7번　무릎을 꿇고 반대쪽 다리를 든다(사진 7).

주의　무리하여 다리를 높이 들려 하면 몸의 중심에서 많이 어긋나게 된다. 또한 너무 힘이 들어가 집중이 오히려 방해된다. 최대한 높이 들 수 있는 높이의 약 80퍼센트 정도만 들어 정확하고 적당히 편안한 자세를 취한다.

좌공 8번　좌공 7번의 반대 동작이다(사진 8).

사진 6

사진 7

사진 8

좌공 9번 무릎을 꿇고 엉덩이를 발뒤꿈치에 대고 팔짱을 낀 상태에서 단전 호흡에 들어간다(사진 9).

요령 호흡을 하다 집중 상태에 들어가면 저절로 호흡이 되도록 내버려 둔다. 깊은 명상에 들어가도록 한다.

사진 9

마무리 도인 체조

기운을 기르기 위해서는 기운을 모아야 한다. 한편 우리 몸이 정상적인 활동을 하기 위해서는 기운이 일정 부분에 뭉쳐 있지 않고 골고루 적재적소에 흩어져 돌아다닐 필요가 있다.

행공의 동작들은 주로 기운을 모아 기르는 동작들이다. 그러므로 행공을 마치고 일상 생활에 들어가기에 앞서 단전에 모인 기운을 온몸으로 써 줄 필요가 있다. 예컨대 팔굽혀 펴기나 윗몸 일으키기 등을 통해 기운을 근육의 힘으로 전환시켜 주는 것도 좋다. 마무리 도인 체조는 주로 그러한 목적을 만족시키기 위한 동작들로 구성되어 있다. 그 가운데 몇 가지를 소개한다.

기지개 켜기

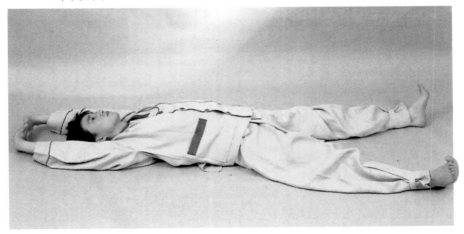

기지개 켜기

바르게 누운 상태에서 양손에 깍지를 낀다. 호흡을 몇 차례 고르고
난 뒤 숨을 들이마신 상태에서 멈추고 기지개를 쭉 편다. 내쉬면서
원위치로 돌아온다.

요령 손발의 끝이 최대한 뻗도록 한다. 양팔이 귀에 닿도록 하고
발은 모은다. 허리는 바닥에서 최대한 뜨도록 한다. 숨을 멈춘 상
태에서 좌우로 비트는 변형 동작도 있다.

효과 몸 전체에 힘을 주어 손끝, 발끝까지 기운이 퍼지도록 한다.

붕어 운동

깍지 낀 손을 머리 뒤로 하고(사진 1) 몸을 좌우로 비튼다(사진 2, 사
진 3). 호흡에 관계없이 빠른 속도로 30초에서 1분가량 행한다.

붕어 운동 사진 1

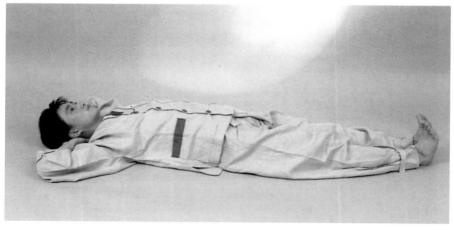

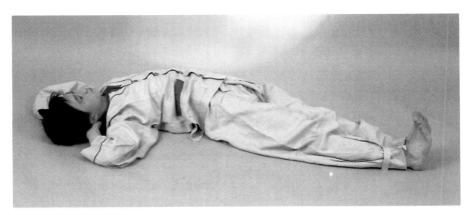
붕어 운동 사진 2

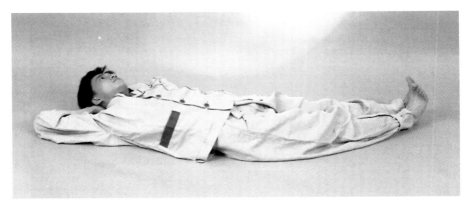
붕어 운동 사진 3

요령 동작을 너무 크게 하려고 하다 보면 동작이 굳어지기 쉽다. 고개는 약간 세워 주되 어깨가 바닥에서 떨어지지 않도록 한다. 부드럽게 좌우로 흔들어 준다.

효과 보통 허리의 좌우 운동이 결여되기 쉬우므로 이 운동을 통해 몸이 고르게 발달되도록 한다.

모관 운동

팔다리를 위로 들어 올린다(사진 1). 그 상태에서 머리를 들고 손목과 발목을 30초에서 1분가량 털어 준다(사진 2).

요령 무릎과 팔꿈치가 너무 구부러지지 않도록 한다. 몸 전체로 진동이 느껴질 만큼 작고 가볍게, 빠르고 부드럽게 털어 준다. 가볍게 천천히 시작하여 격렬하고 빠르게 하다가 가볍게 하여 마친다.

모관 운동 사진 1

모관 운동 사진 2

주의　사진 2의 동작은 이부자리 위 같은 충격을 흡수할 만한 바닥에서 행한다. 바닥이 딱딱한 경우에는 팔다리를 살살 내려놓아 신체에 충격이 가지 않도록 하고 바닥이 부드럽다 할지라도 일부러 강하게 팔다리를 내려놓지 않도록 한다.

효과　몸 전체에 진동을 주어 혈액 순환을 돕고 감각을 살려 준다. 특히 손끝, 발끝과 같은 말단 부위의 혈액 순환에 효과가 있다.

단전 두드리기(20회)

요령 무릎을 약 15도 정도 구부리고 허리를 곧게 펴고 선다.
단전에 숨을 들이마시고 단전을 허리 쪽으로 당기면서 손을 번갈
아 가면서 단전을 두드린다.

효과 단전에 축기 및 태양신경총의 자극으로 산성화된 내장이
알칼리화된다. 대장에 고여 있던 혈액이 잘 순환되면서 신진 대사
가 원활해진다.

단전 두드리기

천지인 숨쉬기

요령 손을 모아(사진 1) 위로 들어 올리면서 숨을 들이쉬고(사진 2), 발을 모으면서 등 뒤 명문혈로부터 방광경을 쓸어내리면서 숨을 내쉰다(사진 3). 엄지손가락으로 발등의 태충혈을 누른다(사진 4). 일어서서 합장한다(사진 5). 숨을 들이마시면서 하늘에 대한 감사, 내쉬면서 땅에 대한 고마움, 숨을 멈추면서 사람에 대한 사랑을 느낀다.

효과 천(天)의 동작은 심폐 기능을 강화시키며 지(地)는 신장, 방광, 대장 기능을 강화한다. 인(人)은 위장, 간장, 쓸개 기능을 강화시킨다.

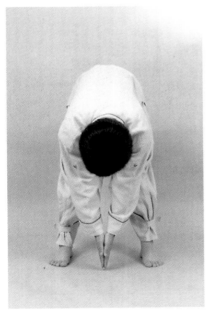

천지인 숨쉬기 사진 1

천지인 숨쉬기 사진 2

천지인 숨쉬기 사진 3

천지인 숨쉬기 사진 4

천지인 숨쉬기 사진 5

행공 이후의 수련 단계

행공 수련은 주로 기운을 모으는 수련과 관계있다. 이렇게 기운을 모으는 것은 기운을 기르고 나아가 몸 전체로 운기하고자 하는 것이다. 기운이 충분히 모이게 되면 먼저 몸 전체의 막힌 경락을 뚫어야 한다.

기운이 모여 일정 단계가 되면 자연 막힌 곳을 뚫고 나가게 되어 있다. 그러나 막힌 정도가 심할 경우에는 엉뚱한 곳으로 기운이 새어 나갈 가능성이 있다. 때문에 미리 어떠한 경로를 통해서 기운이 흘러야 하는 것인지, 막힌 경우에는 어떻게 뚫어 나가는지 등에 대한 어느 정도의 사전 지식이 필요하다.

보다 높은 단계의 수련은 법맥에 따라 수련법에 대한 주장도 다양하고 그 용어 또한 난해하거나 전문적인 경우가 많다. 자기 수준이 미처 그 단계에 도달하기 전에 잘못된 관념만을 심어 주게 되면 자신의 수련에서 나타나는 현상을 잘못 평가하게 되기 쉽다. 수련자에 따라 또는 여건에 따라 결과는 다르기 때문이다. 직접 수련하고자 할 경우에는 바른 스승이나 선배의 지도를 받는 것이 바람직하다. 아주 높은 단계의 수련은 단전 호흡의 차원을 넘어서는 전문적인 선도 수련이다.

이 책은 일상 생활을 하는 현대인의 수련을 위한 책이다. 그러한 전문적인 내용에 관심이 있는 사람은 따로 특별히 공부를 하여야 할 것이다. 또한 특수한 능력을 발휘하기 위한 수련을 하려고 하는 사람도 역시 따로 특별한 공부가 필요하다. 이 책에서는 초보자를 위해 전문적인 이야기는 피하고 축기 이후에 바로 나아가야 할 수련 방향에 대해 일반적인 내용을 중심으로 간단히 다루어 보려 한다.

기운을 돌리기 위한 기틀의 마련

축기가 완성된 상태에서 하단전에 의념을 집중한다[意守丹田]. 이때에는 격렬한 동작이 아닌 미세하고 부드러운 동작을 취하여야 한다. 억지로 힘을 주지 말아야 하고 집중을 하되 몸과 마음이 경직되지 않고 이완이 되어 있어야 한다. 충분히 기운이 동하면 어떤 움직임이 나타나기 시작하는데 그러한 움직임을 잘 이끌어서 보내고자 하는 곳으로 이끈다. 보통 임독맥(任督脈), 대맥(帶脈) 등을 따라 돌린다.

기운의 흐름

내쉬는 숨을 타고 임맥을 따라 기운이 내려가고 들이마시는 숨을 타고 독맥을 따라 기운이 오른다. 임독맥뿐만이 아니라 신체의 다른 경락에서도 마찬가지이다. 그러한 원칙에 따라 기운을 계속 반복하여 돌린다. 기운을 돌리는 과정에서 호흡을 잊게 되고 마침내는 기운을 돌리는 것마저 잊게 되어 저절로 기운이 돌고 저절로 호흡이 이루어진다.

마음가짐

옛 의서(醫書)에도 인간의 감정이 인체 오장육부의 기능에 영향을 미친다고 하였다. 현대 의학적인 관점으로 보더라도 감정에 따라 분비되는 호르몬이 각기 다르며 그로 인해 인체 안에 어떤 영향이 일어

나리라는 것은 미루어 짐작할 수 있다.

기운이 조화를 이루어야 비로소 맑고 순수한 더 높은 단계로의 이행이 가능하며, 그러한 기운의 조화는 감정을 다스리는 것에서부터 출발한다. 실제로 많은 수련자들이 평소의 생활 속에서의 마음가짐이 실제의 수련에 큰 영향을 미친다는 사실을 강조하고 있다.

고요하고 흔들림 없는 감정은 능히 오장육부의 기운을 조화롭게 해 몸과 마음을 조화로 이끈다. 이를 위해 약간의 형식이 있을 수 있으나 각자의 개성에 따라 살림살이도 같지 않으므로 굳이 어떤 형식을 고집해야 한다고는 생각하지 않는다. 어느 노선사님의 말씀 가운데에도 계율이란 지키려 하면 이미 깨어진 것이라 하였으니 조화로 이끌면 되는 것이지 달리 어떤 방법만이 옳다 말하는 것은 허물이라 생각된다. 각자의 생활 여건에 맞추어 스스로 방법을 취하기 바란다.

음식의 조절

근래 채식이나 자연식, 단식 등을 통한 건강법에 대한 많은 책자들이 소개되고 있다. 수련에 있어서 이러한 식이요법을 병행하면 더욱 훌륭한 효과를 얻을 수 있다. 그러나 자신의 수준에 맞지 않는 식이요법을 억지로 행하거나 신체 기능의 개선으로 인해 식용이 증가함에도 불구하고 억지로 소식(小食)을 추구하는 것은 수련자에게 육체적, 심리적 불안만을 더해 줄 뿐이다.

마음의 평안함을 중심으로 삼고 식이요법은 이를 뒷받침하기 위한 수단으로 삼아야 한다. 수련이 어느 정도 깊어지고 마음의 변화가 일어나면 저절로 식이요법은 적절히 따라와 체질화되기 마련이다.

맺음말

　근래 들어 단전 호흡 수련에 관한 책들이 많이 나오고 있다. 그런데 이러한 책자들은 대부분 초보자를 위한 수련에 대해서는 내용이 부족한 감이 없지 않다. 초보자에게 당장 필요한 자세한 내용을 다룬 책보다는 높은 단계에서 특별한 능력을 행사하는 이야기가 중심이 된 책이 대부분이다. 때문에 많은 사람들이 단전 호흡 수련에 입문하기를 원하나 아예 엄두를 못 내거나 또는 기초 없이 뛰어들어 엉뚱한 길로 빠지곤 한다.

　이 책은 그러한 점을 고려하여 처음 시작하는 초보자가 쉽고도 현실적으로 수련할 수 있도록 자세히 서술하였다. 때문에 글을 쓰면서 사실 실제로 수련을 해 보면 별것도 아닌 내용을 장황하게 늘어놓았구나 하는 느낌도 적지 않다. 그러나 허물이 있더라도 이 글을 통해 많은 초보자들이 단전 호흡 건강법을 접할 수만 있다면 그러한 것은 문제가 되지 않으리라 본다. 이 글이 초보자 여러분에게 단전 호흡 수련을 위한 발판이 되길 바라며 이만 줄인다.

주(註) 설명

1) 경락상 기의 존재는 이미 인체 전기(人體電氣), 피하(皮下) 결합 조직(結合組織) 등의 연구에서 이미 실제임이 밝혀졌다. 경락뿐만이 아니라 인체가 어떤 에너지장(生體場)에 의해 둘러싸여 있으며, 그것이 인간의 심리 상태에 의해 변한다는 것이 이미 실제의 측정 결과로 나와 있다.

2) 부모로부터 물려받은 기운(先天之氣)의 별칭이다. 그 밖의 신장(賢臟) 사이에 있는 명문혈을 신간지기(賢間之氣) 또는 후단전(後丹田)이라고도 부른다.

3) 선도에는 다양한 문파(文派)가 있으나 대부분 정, 기, 신을 하나로 통일하여 내단(內丹)을 만들어 닦는 것이 수련의 기본이다. 하단전에서는 정단(精丹), 중단전에서 기단(氣丹), 상단전에서 신단(神丹)이 만들어진다. 정을 기로 바꾸고(煉精化氣), 기를 신으로 바꾸며(煉氣化神), 다시 신을 허로 화하는(煉神還虛) 각각의 수련 단계는 이러한 하·중·상단전의 수련과 밀접한 관계를 지닌다.

4) 한무외의 『해동전도록(海東傳道錄)』, 조여적의 『청학집(靑鶴集)』 등에 이러한 기록들이 잘 나와 있다.

5) 조선시대의 유명한 예언가이자 도인인 남사고 선생은 그의 저서 『격암유록』에 『천부경』이 선도 수련과 밀접한 관계가 있음(丹書用法天府經)을 말한 바 있다. 또한 『삼일신고』는 지감, 조식, 금촉을 통해 성명정(性命精)을 닦아 성통공완(性通功完)에 이르는 방법을 말하고 있다.

6) 황제(皇帝)가 자부선인(紫府仙人)으로부터 삼황내문(三皇內文)이라는 선서(仙書)를 받아갔다든지, 진시황이 불로초를 찾으러 동방의 선인들이 사는 삼신산(三神山)으로 사람을 보낸 사실 등은 이를 잘 뒷받침해 준다. 또한 중국 도교의 전설과 고대 민간 신앙의 근원인 복희(伏羲), 신농(神農)은 그들이 아닌 우리의 조상들이었다.(『한단고기』 참조)

7) 『삼일신고』 제5장의 앞부분에 나오는 "참본성은 착함도 악함도 없으니 가장 밝은 지혜로서 두루 통하여 막힘이 없고, 참생명은 맑음도 흐림도 없으니 다음 가는 밝은 지혜로서 다 알아 어리석음이 없으며, 참정기는 두터움도 엷음도 없으니 그 다음 지혜로서 만 가지 기틀을 잘 지켜 이지러짐이 없다(眞性은

無善惡하니 上哲이 通하고 眞命은 無淸渴하니 中哲이 知하고 眞精은 無厚薄하니 下哲이 保하나니 返眞하야 一神이니라)." 구절에서처럼 각기 근기에 따라 공부하는 방법이 다르다. 상근기자는 성을 닦는 공부인 지감을 위주로, 중근기자는 명을 닦는 공부인 조식을 위주로, 하근기자는 정을 닦는 공부인 금촉을 위주로 공부하여 각기 선악과 청탁과 후박을 초월하여 성을 통하고(性通) 명을 알며(知命) 정을 보하여(保精) 참된 것으로 돌이켜 근본과 하나가 되는 것이다(返眞하여 一神).

8) 팔 안쪽의 수삼음경(手三陰經)은 숨을 내쉴 때 기운이 어깨에서 손끝 쪽으로 흐르고, 팔 바깥쪽의 수삼양경(手三陽經)은 숨을 들이마실 때 기운이 손끝에서 어깨 쪽으로 흐른다. 다리 바깥쪽의 족삼양경(足三陽經)은 숨을 내쉴 때 기운이 허리에서 발끝 쪽으로 흐르고, 다리 안쪽의 족삼음경(足三陰經)은 숨을 들이마실 때 기운이 발끝에서 등 쪽으로 흐른다. 예를 들어 손 안쪽을 두드리는 동작이나 다리 바깥쪽을 두드리는 동작은 각기 어깨에서 손끝, 허벅지에서 발끝 쪽을 향해 두드리는데 그러한 두드림의 방향은 경락에서의 기운의 흐름과 일치한다. 또한 엄지 쪽으로 두드리는 동작의 경우 엄지 쪽으로는 수삼음경의 하나인 수태음폐경이 흐르고, 새끼 쪽으로 두드리는 동작일 때는 새끼손가락 바깥쪽으로는 수삼양경의 하나인 수소양삼초경이흐른다. 두드리는 방향은 엄지 쪽으로는 어깨에서 손끝으로, 손날 쪽에서는 손끝에서 겨드랑이 쪽으로 두드린다.

9) 기운이 정상적인 방향으로 흐르는 것이 아니라 정반대의 방향으로 흐르는 것을 말한다. 대표적인 예를 들면 가슴의 열기가 머리로 직접 흘러 들어가는 것을 들 수 있다.

10) 깨달음을 통해 얻은 살아 있는 문구를 말한다. 여기서는 집중을 위해 이러한 문구를 외는 것을 말한다. 일지(一指) 활구로는 '천지기운 내기운 내기운 천지기운 천지마음 내마음 내마음 전지마음' 등이 있다. 불교를 믿는 사람은 '옴마니반메훔', '나무아미타불 관세음보살' 등으로 대신해도 무방하다.

11) 기경팔맥 가운데 하나이며 허리를 감싸고 돈다. 대맥 유통 운기 수련은 하단전의 연단(煉丹) 수련 및 연정화기의 단계와 밀접한 관계가 있다.

참고 문헌

이승헌, 『단학 ― 그 이론과 수련법 ― 』, 도서출판 한문화

_____, 『상단전의 비밀』, 도서출판 한문화

_____, 『운기단법』, 도서출판 한문화

한문화 편집부 엮음, 『천지인(天地人)』, 도서출판 한문화

_____, 『단학인(丹學人)』, 도서출판 한문화

_____, 『신인(神人)이 되는 길』, 도서출판 한문화

_____, 『단학수련체험기』, 도서출판 한문화

빛깔있는 책들 204-8

단전 호흡

초판 1쇄 인쇄 | 1992년 11월 16일
초판 9쇄 발행 | 2018년 6월 30일

글·사진 | 이승헌

발행인 | 김남석
발행처 | ㈜대원사
주   소 | 06342 서울시 강남구 양재대로 55길 37, 302
전   화 | (02)757-6711, 6717~9
팩시밀리 | (02)775-8043
등록번호 | 제3-191호
홈페이지 | http://www.daewonsa.co.kr

ⓒ Daewonsa Publishing Co., Ltd
Printed in Korea 1992

ISBN | 89-369-0133-8 00690
      978-89-369-0000-7 (세트)

빛깔있는 책들